© Thilo Nass

Autorin

Stephanie Schneider, geboren 1972, wollte schon als Kind Bücher schreiben. Zunächst war sie allerdings viel zu beschäftigt damit, Höhlen zu bauen, Geheimclubs zu gründen und an Wassermänner zu glauben. Erst nach einem Kunst-Studium und ein paar Jahren als Lehrerin erinnerte sie sich an den Traumberuf ihrer Kindheit. Seitdem geht sie jeden Morgen in ihr Lieblingscafé und schreibt dort für Kinder und Erwachsene. Stephanie Schneider lebt mit ihrer Familie in Hannover.

© Susan Batori

Illustratorin

Susan Batori lebt zusammen mit ihrem Seelenverwandten Robert und ihrer Katze Kamilla in Budapest/Ungarn. Sie studierte Grafikdesign an der *Hungarian Academy of Fine Arts*. Als Art Direktorin einer Werbeagentur bemerkte Susan schon bald, dass es viel mehr Spaß macht, lustige Charaktere zu entwerfen. 2013 hat sie sich deshalb als Kinderbuchillustratorin selbstständig gemacht und konnte seitdem mit zahlreichen internationalen Verlagen zusammenarbeiten. Es gibt eine Sache, auf die sie beim Illustrieren auf keinen Fall verzichten kann: Humor!

1. Auflage 2022
© 2022 Penguin JUNIOR in der
Penguin Random House Verlagsgruppe GmbH,
Neumarkter Str. 28, 81673 München
Alle Rechte vorbehalten
Text: Stephanie Schneider
Illustrationen: Susan Batori
Umschlaggestaltung: Maria Proctor, Würzburg
RS · Herstellung: bo
Reproduktion: Lorenz & Zeller, Inning a. A.
Druck: Mohn Media Mohndruck GmbH, Gütersloh
ISBN 978-3-328-30051-9
Printed in Germany

www.penguin-junior.de

Bei diesem Buch wurden die durch das verwendete Material und die Produktion entstandenen CO_2-Emissionen ausgeglichen, indem Penguin JUNIOR ein Projekt zur Aufforstung in Brasilien unterstützt. Weitere Informationen zu dem Projekt unter: www.ClimatePartner.com/14044-1912-1001

FSC
www.fsc.org
MIX
Papier aus verantwor-
tungsvollen Quellen
FSC® C011124

Penguin Random House Verlagsgruppe
FSC® N001967

Wir produzieren
Klimaneutral
ClimatePartner.com/14044-1912-1001
Druckprodukt

Stephanie Schneider

Susan Batori

Platz da, ihr Hirsche!

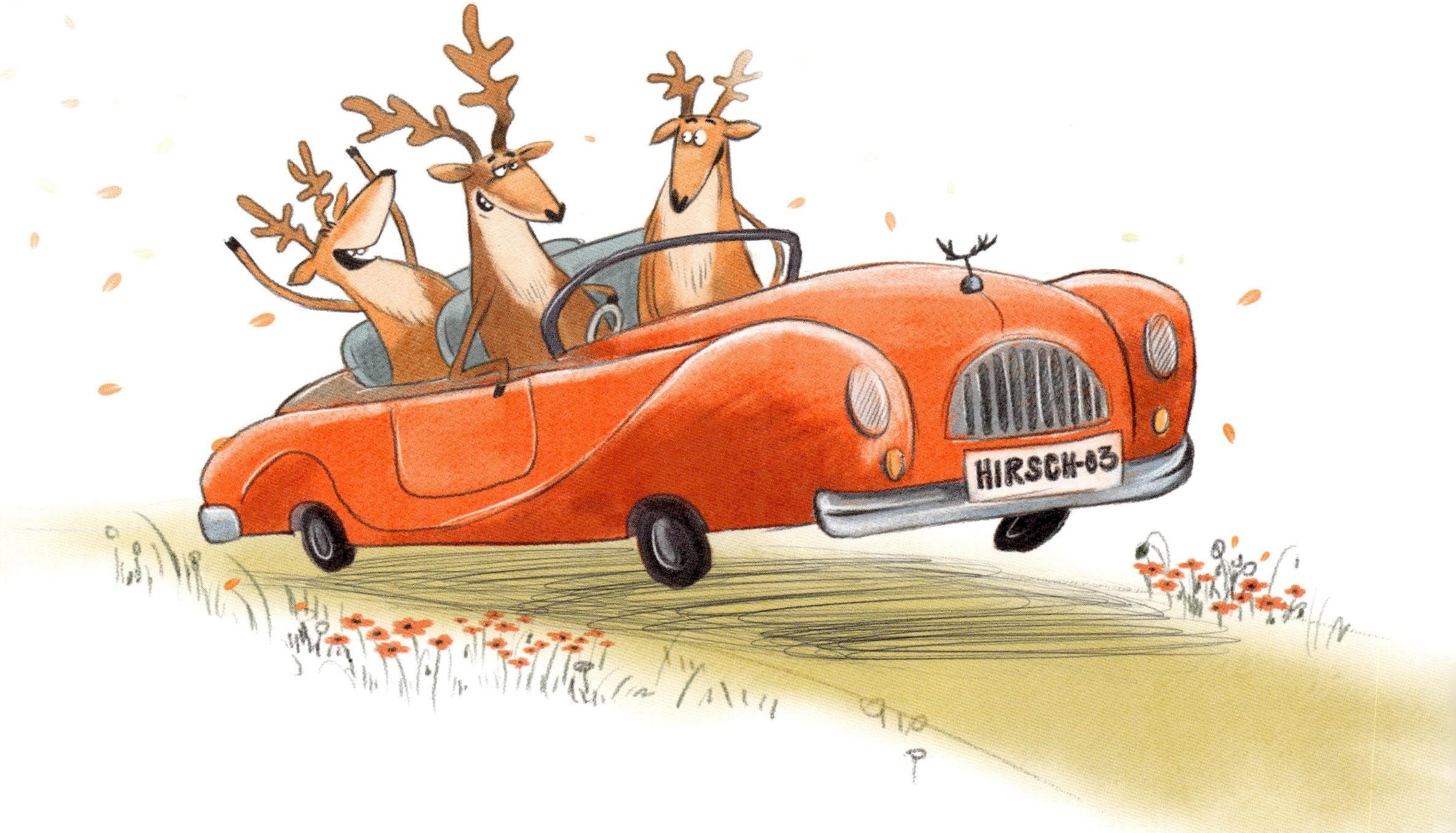

HIRSCH-03

Die Hirsche machen heute einen Ausflug.
In ihrem extraschnellen Cabrio brausen sie
durch Felder und Wiesen.

Bis zum See geht die Fahrt. Dort stellen sie den
Motor aus und schauen sich um.
Ganz still ist es hier. Und irgendwie besonders.
»Leute«, sagt der große Hirsch zu seinen Freunden,
»wisst ihr, was das ist?« Er zeigt zum Ufer.
»Ein See?«, fragt der eine Hirsch.
»Eine Wiese?«, fragt der andere.
»Ein Geheimplatz«, erklärt der große Hirsch und
sieht dabei sehr feierlich aus.

Da wird den anderen beiden ganz wunderbar zumute,
denn so ein Geheimplatz, den niemand kennt, ist ja das
Beste überhaupt. Nicht nur für Hirsche.
Der große Hirsch sonnt sich auf der Rückbank mit den
extraweichen Plüschbezügen.
Die anderen beiden hüpfen durch die Gänseblümchen.
Ein kleiner Sommerwind rauscht in den Birken, und
das Autoradio düdelt dazu.
Es ist ein wunderbarer Ausflug.

Doch dann kommt ein Schwein mit Picknickkorb aus
dem Wald.
»Was will das denn hier?«, knurrt der große Hirsch.
Er starrt das fremde Schwein an. »Das ist unser Platz!
Wir waren zuerst hier.«
Doch das Schwein lässt sich nicht stören. Es breitet seine
Decke aus und macht es sich gemütlich. Einfach so!
Mitten auf ihrer Wiese! Die Hirsche machen lange Gesichter.
Nun hat man Glück und findet einen echten Geheimplatz,
und dann kommt ein Schwein und macht alles kaputt.

Jetzt springen auch noch ein paar Hühner aus dem Gebüsch.
Die Hirsche wedeln mit den Hufen. »Ihr könnt gleich wieder
verschwinden!«, rufen sie den Neuen zu. »Hier ist schon alles
besetzt.«
Die Hühner kichern. »Ihr habt doch einen Vogel! Hier ist Platz
genug für alle.« Sie spannen den Sonnenschirm auf und holen
das Federballspiel aus der Badetasche.
»Wollt ihr vielleicht mitspielen?«, piepst das Hühnchen mit
den Tupfen.

Aber die braunen Freunde antworten ihnen nicht mal.
»Pff«, machen sie nur. Federball ist was für Federvieh.
Hirsche brauchen was anderes. Geheimplätze zum
Beispiel. Am besten solche, die niemand kennt.

Die Wiese am See ist wirklich ein toller Platz zum Picknicken. Davon haben auch die Schafe gehört. Und der alte Waschbär. Selbst die Katze und der Wetterfrosch. Es wird immer voller, bald schnattert und kichert und miaut es überall.

Nur die Hirsche haben schrecklich schlechte Laune.
»Kommt«, schnaubt der Große und zieht sich mit
seinen Freunden an den Rand der Wiese zurück.
Dort stecken sie die Köpfe zusammen. »Jetzt reicht's!«,
schimpfen sie. »Wir wollen unsere Ruhe.«
»Genau! Das lassen wir uns nicht bieten. Wir waren
schließlich zuerst hier.«

Plötzlich raschelt es neben den Hirschen im Gras. »Entschuldigung«, meldet sich der Wetterfrosch zu Wort. »Ich wollte euch nur kurz Bescheid sagen, dass ...«, doch die Hirsche würdigen ihn keines Blickes. »Hüpf weiter, du grüner Winzling! Du hast uns hier gar nichts zu sagen.«

In diesem Moment platscht dem großen Hirsch ein Tropfen auf den Kopf. »Was ist denn jetzt schon wieder?«, knurrt er und schaut zum Himmel.
Dann werden seine Augen groß wie Tomaten. »Regen!«

Jetzt kommt Bewegung in die Hirsche.
In heller Aufregung stolpern sie zu ihrem Cabrio.
»Oh nein. Das Auto ist doch nicht wasserdicht«, jammern sie.
»Die extraweichen Plüschbezüge! Und das tolle Radio!«

»Warum klappt ihr nicht einfach das Autodach zu?«,
schlägt der Waschbär vor. Mit Cabrios kennt er sich
ein bisschen aus.
»So was haben wir nicht«, meint der große Hirsch.
»Hirsche fahren immer oben offen. Ein Autodach
und ein Geweih, das passt nicht zusammen.«

Dann bricht der Regen richtig los.
Da sieht es fast so aus, als ob nicht nur der Himmel,
sondern auch die Hirsche anfangen zu weinen.

»Keine Sorge«, piepst die Maus. »Wir helfen euch.« Und schon
flitzt sie los und bringt ihr Käseschirmchen.
Auch die anderen Tiere fackeln nicht lange. Jeder holt, was er hat,
und tut, was er kann. Und das ist eine ganze Menge.
Mit Decken, Schirmen, Tüchern und mit viel guter Laune klettern
alle zu den unglücklichen Hirschen ins Auto. Bald schon wölbt
sich ein picknickbunter Regenschutz über ihnen.

Kein bisschen geheim, aber genau richtig gegen Sommerregen.
Nur der Wetterfrosch sitzt immer noch draußen auf der Wiese.
»Komm zu uns ins Trockene!«, ruft die Katze. »Für dich findet sich
auch noch ein Plätzchen.«
Der Frosch winkt ab. Er hüpft auf die Kühlerhaube und schaut gen
Himmel. »Nein, danke. Ich bleibe lieber draußen und sag euch
Bescheid, sobald der Regen vorbei ist.«

Die Sonne lässt zum Glück nicht lange auf sich warten.
Bester Laune kriechen die Tiere unter den nassen
Handtüchern und Picknickdecken hervor.
Sie klappen ihre Schirme zu und schütteln sich Fell
und Federn.
Die Hirsche aber machen Gesichter wie sieben Tage
Sommerregen.
»Danke«, murmelt der große Hirsch. »Das war wirklich nett
von euch. Dabei waren wir so unfreundlich.«
»Schwamm drüber«, sagt das Schaf und wringt seine Wolle
aus. »Ihr habt's ja auch nicht leicht. Müsst den ganzen Tag
mit diesen schweren Geweihen da rumlaufen. Wozu sind die
Dinger eigentlich gut?«
»Keine Ahnung«, stottern die Hirsche. Darüber haben sie
sich noch nie Gedanken gemacht.

Aber das ist vielleicht auch nicht so wichtig.
Und so verbringen sie alle miteinander noch einen
wunderschönen Tag.
Doch auch der schönste Ausflug geht einmal zu Ende.
Langsam wird es Abend auf der Wiese am See.
»Ich glaube, es wird Zeit für den Heimweg«, gackern die
Hühner. »Wir müssen morgen wieder früh aus den Federn.«
Der Hirsch räuspert sich. »Können wir euch vielleicht ein
Stück mitnehmen?«

»Au ja!«, jubeln die Hühner. Cabrio fahren wollten sie immer schon einmal.

Der Waschbär spült noch schnell für alle das Geschirr.

Die Maus sammelt die letzten Krümel auf, und die Schafe übernehmen das Abtrocknen.

Dann machen sich die Tiere gemeinsam auf den Rückweg.

Die Hirsche bringen ihre neuen Freunde nach Hause.
Mit Wind im Geweih und mit einem guten Gefühl im Bauch.
Sie freuen sich schon tierisch auf morgen.
Dann treffen sich alle wieder am See, der ja zum Glück kein Geheimplatz mehr ist.
Vielleicht kommen ja noch ein paar Kühe aus der Nachbarschaft dazu. Oder der
Hund von nebenan. Oder sogar ein Elefant aus der Fremde.
Das wäre schön, denn Freunde kann man schließlich nie genug haben.